LAS HUELLAS DEL VIAJERO

ExLibric

miguel fernández rivero

LAS HUELLAS DEL VIAJERO

EXLIBRIC

ANTEQUERA 2026

LAS HUELLAS DEL VIAJERO
© Miguel Fernández Rivero
Correo: mfernanrive@hotmail.com
Web: www.miguelfernandezrivero.es
© del prólogo: Jesús Ignacio Mateo Candil
© de la imagen de la solapa: Selene Fernández Pinto
Colabora: Asociación Poética Cultural «Sin Fronteras»
Diseño de portada: Dpto. de Diseño Gráfico Exlibric

Iª edición

© ExLibric, 2026.

Editado por: ExLibric
c/ Cueva de Viera, 2, Local 3
Centro Negocios CADI
29200 Antequera (Málaga)
Teléfono: 952 70 60 04
Fax: 952 84 55 03
Correo electrónico: exlibric@exlibric.com
Internet: www.exlibric.com

ISBN: 979-13-88079-57-3
Depósito Legal: MA 42-2026

Impresión: PODiPrint
Impreso en Andalucía – España

Nota de la editorial: ExLibric pertenece a Innovación y Cualificación S. L.

miguel fernández rivero

LAS HUELLAS DEL VIAJERO

Prólogo

LA PALABRA COMO LUZ

Desde la sombra hasta la palabra, desde la herida hasta el canto, *Las huellas del viajero* reúne una extensa y cuidada selección de la obra poética de Miguel Fernández Rivero, que abarca cuatro décadas (1986-2026) como testimonio del tránsito vital y lírico de un viajero que ha recorrido paisajes interiores y exteriores, combatiendo silencios, buscando espejos y enfrentando tormentas. Esta antología no solo recoge la evolución del autor, sino también la coherencia de una voz que ha atravesado el tiempo, la experiencia personal y el contexto social con una notable solidez estética e ideológica.

La estructura del volumen responde a un orden cronológico: cada poemario, con su sello temático y estilístico, recoge distintas etapas de la vida del autor. Desde *Imágenes de un espejo* (1986) hasta *El sombrero de bambú* (2026), asistimos al crecimiento de una voz poética que se mueve entre la introspección existencial y la denuncia social, entre la fragilidad del ser y la brutalidad del mundo. El poeta habla desde la pequeñez del hombre en el universo, desde el eco de un yo que se busca y desde la herida abierta de una humanidad que se ahoga.

La poesía de Fernández Rivero se caracteriza por un lenguaje directo, cargado de imágenes, con un uso constante de símbolos como el espejo, el grito, el viento, el pájaro o las sombras. El autor combina con naturalidad formas clásicas (como el soneto o el haiku) con el verso libre y la prosa poética, e incluso se permite experimentaciones tipográficas. Esta variedad formal enriquece su discurso y demuestra un compromiso profundo con la exploración del lenguaje.

Entre los temas recurrentes se encuentran el paso del tiempo, la búsqueda de la identidad, el conflicto entre individuo y sociedad, el peso de la memoria, la violencia estructural y el valor —o fragilidad— de la palabra poética. La figura del viajero, presente de manera explícita o implícita, funciona como metáfora del yo poético: alguien que observa, transita, registra y deja testimonio.

Destaca también la presencia de una conciencia social que se intensifica con los años. La crítica al poder, la denuncia de la desigualdad, el homenaje a las víctimas de la represión o el recuerdo de figuras como Miguel Hernández o Federico García Lorca sitúan al autor en la tradición de la poesía comprometida. No se trata de textos panfletarios, sino de una mirada ética que interpela al lector desde lo humano.

La huellas del viajero no es, por tanto, una simple recopilación. Es el resultado de una trayectoria lúcida, en la que la escritura ha servido como herramienta de comprensión, expresión y resistencia. La palabra aquí no se emplea como adorno, sino como forma de estar en el mundo. Esta antología permite al lector adentrarse en una obra densa, sincera y necesaria, cuyo valor reside tanto en su calidad literaria como en su dimensión testimonial.

Este libro no es solo el rastro de un poeta, sino también el de un tiempo y una conciencia. En definitiva, es un legado: la voz de quien se sabe «hijo de la tormenta», pero no renuncia a la palabra como luz y como semilla. Un llamado a no volver al silencio, a no dejar el grito en las salas del miedo.

Quien lea estas páginas no encontrará respuestas, sino huellas: las del viajero, sí, pero también las suyas.

JESÚS IGNACIO MATEO CANDIL

Nota del autor

El aprendiz de poeta se buscó en las imágenes de un espejo, mas solo encontró el rostro de un hombre extraño en días extraños. Perdido entre los hijos de la tormenta, se fue arrastrando por el mundo, buscando un rostro para su voz. Agobiado de todo este deambular, quiso renacerse dejando atrás todos los espejos rotos. Entonces las migajas de sus poemas le mostraron la palabra que no cesa y un rayo de luz iluminó sus ojos; sus labios se entregaron a la profanación de la palabra. Este inmoral acto lo llevó a la demencia de la cara oculta de la luna. Se arrastró por las sendas del amor a la destrucción para desahogar las dos dolencias de su alma: el amor por la poesía y, a la vez, su odio por ella al no poder dominarla.

Para curarse de este arrebato ciego y absurdo, buscó en su baúl antiguos poemas para devolverlos a la vida. Cierto día notó un terrible dolor en sus ojos al contemplar la muerte, la violencia y la injusticia que arrasaba las parcelas del mundo, y este dolor le arrancó el grito. Desde entonces, su ira no ha cesado. Siguió manifestándose en cero. Su palabra se fue expandiendo en líneas divergentes, con una prosa apaciguadora y nostálgica. Al final, buscó cómo reconciliarse con la poesía y, en La hora bruja, se dejó llevar, aunque la ira siguió agitando su palabra, por la lírica del verso y la estrofa clásica. En ciertos momentos se refugió bajo el sombrero de bambú para calmar sus fantasmas, pero la rabia siguió aflorando a veces. A lo largo de esos catorce caminos quedaron las huellas del viajero, y siempre será tan solo eso, un viajero, un aprendiz de poeta.

IMÁGENES DE UN ESPEJO

(1986)

ESPEJO UNO (I)

Pongo al mundo por espejo
y la vida sus imágenes,
al mirarlas no comprendo
por qué arde mi sangre…

Pequeñeces

En los oscuros páramos del cielo
somos como la estrella diminuta
que de su cuerpo despide reflejos
cuando el sol con sus rayos la fecunda.

Ese grano de arena en el desierto
que por su pequeñez es ignorado,
esa gota de lluvia en mar inmenso
o el rumor de las hojas en el árbol.

Somos solo un efímero momento
del que no se conoce su existencia,
un oscilante cuerpo por el tiempo
lapso y huella fugaz de la materia.

En el constante curso de las eras
otro peldaño más hacia lo eterno,
un eslabón ampliando la cadena
o un pequeño rumor del universo.

Apenas un minuto en los milenios
de esta celeste esfera poderosa.
Somos un breve y rápido destello
perdido en las tinieblas más remotas.

Somos pequeños entre pequeñeces
aunque nosotros no creamos serlo,
pues tan solo nos basta un viento leve
para apagar la luz de nuestro fuego.

Mas si al final tan solo somos hombres,
¿por qué olvidamos nuestra humanidad?,
¿por qué creernos siempre superiores
si somos tan pequeños en verdad?

DE UN HOMBRE EXTRAÑO
(EN DÍAS EXTRAÑOS)
(1988)

LA BESTIA

Su semblante de piedra esconde
la bestia brutal de la guerra
tras la apariencia de lo noble
que defiende ideas o tierra.

Se esgrimen confusas razones
del interés que las proclama,
se enaltecen intensas voces
de verdades medias o falsas.

Ideales llevan al hombre
por esos confusos senderos
en los que se avivan rencores
que ciegan los ojos del pueblo.

Desciende un viento de los montes
que el frío de la muerte lleva
en las manos de hombres feroces,
la libertad en sombras presa.

Es posible que un día brote,
del alma turbia de este mundo,
un nuevo amanecer del hombre
de libertad y sueños puros.

De un hombre extraño

En la soledad de la noche
recorro los caminos blancos
de aquellos sueños olvidados
que el tiempo —sin piedad— nos rompe.

Perdidas huellas de mis pasos
en el polvo de los senderos
y la voz furtiva del viento
efímero eco de mis años.

En esos días solo encuentro
aquellas criaturas deformes,
quimeras que la mente esconde
en galerías del recuerdo.

En mi pecho percibo el golpe
terrible y duro del fracaso,
y en mi alma siento el frío abrazo
de mis muertes y mis temores.

En la boca, el sabor amargo
que me va dejando la vida
y del corazón las heridas
que marcaron viejos engaños.

Mis ojos retornan y miran
las frías salas del pasado
de un hombre extraño y derrotado
que en días extraños habita.

El sendero

Existe un sendero sin nombre
y la fuerza que nos arrastra
por estos campos de batalla
sin que pueda saberse dónde.

Existe un rastro que se escapa
por los espacios de la sombra,
vacío atroz que nos devora
y nos enturbia la mirada.

Perdemos el tren de las horas
que se aleja rumbo al ocaso
por estos paisajes extraños
a los que jamás se retorna.

Tan solo un dolor en los pasos
nos acrecienta la fatiga.
Se derraman hoy las cenizas
del cofre de nuestro pasado.

Abiertas están las heridas
que vierten alegría y llanto
de aquellas huellas que dejamos
en el sendero de la vida.

«Mas busca en tu espejo al otro,
al otro que va contigo».
Proverbios y cantares, A. MACHADO

TE BUSCO

Cuánto tiempo perdí sin conocerte,
morador de mis lúgubres cavernas,
tú que siempre te ocultas en tinieblas
para que yo jamás consiga verte.

Háblame, ¿qué muralla te retiene?,
¿qué silencios tu voz mantienen presa?
Desnúdate sin miedo, tira puertas,
deja la luz quedarse para siempre.

Alargando mis manos yo te busco
en aguas transparentes de la fuente
que habrán de iluminar un nuevo mundo.

Mas tú te niegas, sigues siempre ausente
tras las densas tinieblas —casi oculto—
para que yo jamás consiga verte.

Olvido

Sumergido en la marabunta
de ti me olvido, compañero,
la prisa que puebla mi mente
me convierte en preso del tiempo.

La guerra que llaman vivir
sin remedio me arrastra lejos,
y le pone nuevas cadenas
a los rotos pies del recuerdo.

Compañero, de ti me olvido
en la agonía de los sueños
donde mueren las mariposas
que un día nos dieron su vuelo.

¿A dónde se fue la azucena
que daba luz a nuestro pecho?
¿En qué territorios te escondes?
Te olvidas de mí, compañero.

EL MIEDO, EL VIENTO Y EL TIEMPO

El miedo llega hambriento cual rapaz
que sobre mí se abate y me devora,
dejando solamente los despojos
del enorme vacío de las horas.

El viento baja recio por las calles
agitando a criaturas y a las hojas,
en las ramas del árbol ya desnudas
se hacen luz y color las mariposas.

El tiempo va pasando por mi casa
con el anuncio vil de la derrota,
los días multitud sin rostro y muda
de oscuros animales que me acosan.

COMPAÑERO

¿Conoces ese miedo
que nos cubre de lodo,
que todo lo traspasa?
¿Sientes su fría mano
sobre ti, compañero?

Puede que nada sepas,
pero yo lo conozco.

¿Conoces ese viento
que se lleva los gozos
a esas salobres playas
de sueños y de espanto,
querido compañero?

Puede que nada sepas,
pero yo lo conozco.

¿Conoces ese tiempo
roto sobre los hombros
como pesada carga?
¿La asfixia de su abrazo,
la sientes, compañero?

Puede que nada sepas,
pero yo lo conozco.

Te escondes

Sé del vacío de las noches
y de días silenciosos.

Del perfume de las flores
y del hablar de los ojos.

Sé de caminos sin nombre
hacia lugares remotos.

De aquellos viejos rincones
y de sueños sin retorno.

Pero siempre tú te escondes
entre los espejos rotos.

Espejo uno (II)

Te busco por sendas ocultas
que nunca me llevan contigo;
tan solo veré en el espejo
al otro yo que va conmigo.

HIJOS DE LA TORMENTA

(1996)

MI PALABRA

Aquí tenéis mi palabra,
eso es todo cuanto tengo,
es mi defensa y mi espada,
la fuerza que vence al tiempo.

Aquí mi voz dilatada,
semilla arrojada al viento.
Donde caigo siempre se alza,
crece o flota como un eco.

Donde quede mi palabra
siempre quedará mi gesto.

CAMINANTE

Vengo de lejos
y lejos marcho,
olvido cosas
y otras me callo.

Por el camino
todo es extraño,
el viento huye,
pasan los pájaros.

Soy el caminante
y voy soñando,
días sin sombra,
noches sin rayo.

Solo soy el hombre
y voy gritando,
mi voz se pierde,
me voy apagando.

Ave que pasa,
perdido canto,
llevo en mi frente
luz del ocaso.

Tan solo olvido
queda a mi paso,
vengo de lejos
y lejos marcho.

ALAS FURTIVAS

Has de contemplar el alba.
Sí, has de creer que la vida
cada día se renueva
como la más fresca brisa.

Has de saber que un suspiro
no puede tener medida
y encontrar el universo
de esos ojos que te miran.

Has de saber que los sueños
huyen en alas furtivas.

Se me escapan los ojos

Se me escapan los ojos
en pos de la memoria,
siempre buscando ansiosos
las huellas del recuerdo.

Se me escapan los ojos
persiguiendo los sueños
y buscando el asombro
en la luz de la aurora.

Mas si vuelvo mi rostro,
tan solo encuentro sombras.

Moldeando sombras

Estoy sentado en la noche
y las estrellas me acosan,
mis labios se hacen jirones
y el silencio me devora.

Estoy sentado en la noche,
solo, moldeando sombras.

Mas cuando todo se rompe,
cuando la luz me abandona,
mis tristes manos, tan torpes,
siguen moldeando sombras.

AL OTRO LADO

Golpeo muros del tiempo
con estas furiosas manos,
rompo las sombras y miro
al otro lado.

Emerjo de lo profundo
y hasta la cúspide salto,
sobre mí me elevo y miro
al otro lado.

Lanzo mis ojos sedientos
tras la luz de lo soñado,
descorro velos y miro
al otro lado.

Alzo mi voz en la noche
hasta desgarrar mis labios,
mas nadie escucha mi grito
al otro lado.

A TRAVÉS DEL OLVIDO

Lo habré perdido todo,
el sabor de sus labios,
su sonrisa o el pecado;
siempre tendré su rostro.

Lo habré perdido todo,
el calor de sus manos,
su pecho o el cuerpo amado;
siempre tendré sus ojos.

Lo habré perdido todo
como el árbol sus hojas;
siempre estará conmigo.

Lo habré perdido todo,
mi vida gota a gota;
siempre estará conmigo.

Hijos de la tormenta

I

Se desnudaba el alba
en fulgor plateado,
con su beso
eterno,
a la tibia mañana.

Pasaba un viento leve
y una voz tenue,
pura,
al filo de la tarde.

Y la vida pasaba
siempre lenta,
sencilla,
con su carga de sueños
y esperanzas,
humana.

Y pasaban los hombres
de miraba serena,
rostro claro;
sencillos,
con su voz sosegada
y el caminar pausado.

43

También pasaba el tiempo
con su cadencia eterna,
de días y de noches,
de mujeres y de hombres,
y cambiaban las cosas
dando nuevos sentidos
a la vida,
al mundo.

Llegaron
hombres nuevos
con nuevos horizontes
y distintas fronteras.
Y fueron más deprisa,
más deprisa
vivieron.

Nació la gran estirpe
del vértigo,
de la furia;
nacieron los oscuros
hijos de la tormenta.

v

Vagan por los andenes
perdidos en el vértigo
de la prisa y ahogados
por el grito salvaje

de la urbe.
Como títeres
movidos por los hilos
del poder
que en sus manos
mantienen los imperios.

Se escucha
sin descanso
una música extraña
que viene de las altas
torres;
un dulce canto
que estimula
y asusta
al pueblo.
Por el viento
pasa un turbio rumor.
Un eco de trompetas
inunda las parcelas
del cielo,
y las aves
huyen de la tormenta,
furtivas,
a lugares
donde el azul desnude
a la noche
y al alba.

Mas
por estas tierras
van pasando las sombras,
y en el gris horizonte
de nubes
se marchita
la inocencia.
La tarde
galopa
en caballo
de fuego,
y la noche
siempre acechando al hombre.

La bestia
anda suelta.

La voz de las cornetas
estremece los campos
y los perros se lanzan,
enloquecidos,
ciegos,
ferozmente a la sangre.

Una violenta fuerza
golpea al pedestal,
lo sacude con ira,
y el GOBERNANTE
tiembla

y se derrumba.
Cae.
El espanto se nutre
de odio,
y el odio vaga
a través de la noche,
se incrusta
en la mente
del hombre,
en su pecho,
y corre por sus venas
encendiendo la sangre.

VI

Pasan cuatro caballos
por las sendas del mundo.

Blanco, rojizo
—cuatro—,
negro y pálido
—caballos—
por las sendas del mundo.

VII

Mas tan solo mis ojos
sienten pánico,
tan solo

mis ojos.
No mis manos,
ni mi ocupada mente,
ni mi corazón frío;
no, tan solo
mis ojos.
Pues mis manos,
mi mente,
mi corazón,
solo
resisten,
solo viven,
pues también yo nací
hijo de la tormenta.

LOS ESPEJOS ROTOS

(1999)

Espejo dos

Perdido en el torbellino
atroz de avaricia y prisa,
en el gris espejo observo
al hombre, desnuda herida.

Por la calle gris

Por la calle gris pasa
—va caminando lento
con ese saco enorme
donde guarda el pasado—
el viejo de la espada.

Nos envuelve la nube
de sueños y secretos.

Con sus hilos amarra
nuestros frágiles cuerpos.
A través de la noche
siempre nos va empujando
este miedo a la espada.

Nos envuelve la nube
de sueños y secretos.

Fugaz se nos escapa
por los mismos senderos,
tras el mismo horizonte,
bajo idéntico mármol
si nos hiere su espada.

Nos envuelve la nube
de sueños y secretos.

CIUDADES

Sinuosos signos se agitan
en las brumas de paisajes
　　　desolados,
donde las ciudades gritan
por desvelar sus mensajes
　　　olvidados.

La luna, un frío cuchillo,
va destrozado miradas.
　　　Bajo el hielo
de la noche oculto el brillo
de las siniestras espadas,
　　　tiembla el cielo.

Nadie duerme por el mundo.
El hombre abriendo sus ojos,
　　　angustiado
como un perro moribundo,
va buscando en los despojos
　　　su pasado.

EL MIEDO

Bajo el velo de la noche
el olvido de las formas.

Este viento es un susurro
frío que vierte sus sombras
sobre la mente del hombre
y el sentido de las cosas.

En las profundas cavernas
se agitan las invasoras
del sueño, gélidas sierpes
sin luz que lamen la aurora.

Tras los muros de la niebla
acechan las hijas torvas
de la quimera, invisibles
furias que al niño devoran.

Cruzan un cielo sin luna
los pájaros de la cólera,
espanto atroz que el crepúsculo
sobre los hombres arroja.

El alma siempre desnuda
si el miedo baja y la toca.

ESPEJO TRES

En esta orilla blanca,
más allá de los montes,
frente al último espejo
los sueños, luz sin nombre.

Ave de luz

Luz sin nombre, belleza fugitiva.
Al filo de la tarde pasa el viento
leve como un suspiro. Del sangriento
horizonte a esta noche posesiva,

como un buque de sombras en deriva
mi alma vaga en sueños —sin aliento—
buscando el grito de su nacimiento;
ave de luz sin nombre siempre esquiva.

Un rumor, un destello. Del viajero
sin destino, la huella que se olvida
bajo el polvo sediento del sendero.

Tras los velos del mundo, suspendida
Calíope, en sus manos un lucero
dormido, ¡poesía!, luz de vida.

HOMBRE

¿Nos sueña el universo
en su eterna mirada
o solo nos contempla
desde el balcón solemne
en donde oscila el tiempo?

Solo un rumor de huellas
deja el hombre que pasa.

Pleno de luz el cuerpo
sobre el mundo se alza
para dejar su estela.
Suspiro. Forma breve
en el compás del tiempo.

Solo un rumor de huellas
deja el hombre que pasa.

Muros sin piedra, templo
de carne para el alma.
Hijo de las estrellas.
Frágil sueño que cede
al acoso del tiempo.

Solo un rumor de huellas
deja el hombre que pasa.

Sueño dos

Cósmico fluido, beso
de luz y de siluetas, rosa pura
de un tiempo sin regreso.
Es breve la hermosura
del hechizo que deja su locura.

Eco de voz lejana
que quiere desvelar aquel secreto
oculto en la pagana
fe en viejos alfabetos;
la quimera, visión de lo inconcreto.

Se esfuman los caminos
bajo el azul inmóvil del paisaje,
y el pájaro divino,
de radiante plumaje,
a veces se nos vuelve más salvaje.

Entre las tenues brumas
de una noche de vientos y de olvido,
sobre campos de espumas
yace el cuerpo vencido
de un sueño; vago espejo suspendido.

Mas cuando el alba llega
la luna escapa en dulces alas,
ave de luz que nos entrega
la prodigiosa nave
de fuego que la esfera surca suave.

Este niño

¿Es un regreso
este niño desnudo
ante el espejo?

LA PALABRA NO CESA

Luz, tan solo, que tiembla
y se quiebra en el viento,
frágil agua de noche
que el alba desvanece.
Suspiro de la tierra.

Denso rumor que vaga
por las sendas del tiempo.

Oculta en las arenas,
la huella de los sueños
guarda los viejos nombres
de las cosas, por siempre
viva voz de la tierra.

Denso rumor que vaga
por las sendas de tiempo.

La palabra no cesa,
va más allá del eco
con su poder de azote
o de beso solemne.
Se hace grito en la tierra.

Es un rumor que vaga
por las sendas del tiempo.

LA PALABRA QUE NO CESA
(POEMIGAS)
(2006)

LA PALABRA GIRA EN EL TIEMPO

UNO

La palabra
gira en el tiempo
como un antiguo rito
que jamás se olvida.

CUATRO

Siembra la luz en tu voz,
y tus ojos
contemplarán la verdad.

SEIS

Jamás retengas
tu voz entre los labios;
déjala en el viento
y serás libre.

VAN DESGASTANDO LA PIEL DEL HOMBRE

SEIS

Acomodado
en el putrefacto sillón
de la opulencia,
el hombre pierde su tiempo
en devorar, ávidamente,
los días de su vida.

DIEZ

La vida se nos escapa
por las grietas
del tiempo.

TRECE

Por las grietas del tiempo
se nos pierden los sueños.

HACE AÑOS QUE HURGO ENTRE MIS HUESOS

CUATRO

Con mi mano izquierda
sostengo el silencio
del mundo,
con mi mano derecha
la soledad del hombre.

TRECE

Hace años que hurgo
entre mis huesos
buscando a ese extraño
que llevo dentro.

CATORCE

Los recuerdos
son el gusano enorme
que se alimenta
de nuestras vidas.

Solo tengo un dolor y una herida

Nadie

Yo no soy nadie.

Nadie me busque
ni pregunte mi nombre,
que nadie me haga
parecer otra cosa.

No busquéis mi cuerpo
junto a ninguna sombra,
ni pidáis un rostro
al que atarme.

Nadie me busque
junto a las viejas
estatuas de los hombres,
ni bajo las banderas
absurdas de su vana hegemonía.

Porque yo no soy nadie.

Aquí me encuentro
en medio de la noche,
hombre desnudo

sin nada entre mis manos.
Nada me pertenece
y nada tengo.

Solo tengo un dolor
y una brutal herida
en mi costado izquierdo
por la que brota
la sangre de mis noches.

Nadie me nombre, ni me pida versos.

Tan solo os puedo dar mi sangre
y estas criaturas
nacidas de esas noches.
El sabor de mis lágrimas
es para mí,
me pertenece,
ese es mi gran tesoro,
la posesión
que al lento ocaso de mis días
me dará la certeza
de haber vivido.

Nada más me pidáis,
porque nada poseo.
No pronunciéis mi nombre.
Nadie me busque;
yo no soy nadie.

Su piel desnuda roza mis huesos

Diez

Por los desolados
paisajes del tiempo
huyen
los pájaros del olvido.

Once

Ya no existe
pecado en el mundo
al que aferrarme
para salvar mi alma.

Diecisiete

Como dos hermosos pájaros
sus ojos
se agitan entre mis sueños.

ESTOS VERSOS
TAN PARECIDOS A HOJAS

DOS

Retener la luz en sus manos
y devorar las sombras con sus ojos:
trabajos del poeta.

SEIS

Estos versos,
tan parecidos a hojas,
¿qué viento los llevará?

OCHO

La poesía
tapa las grietas
del alma.

DOCE

Y estas hojas al viento,
tan parecidas a pájaros,
¿sobre qué labios caerán?

Catorce

Cuando el poeta calla,
se detiene el tiempo.

EL RUMOR DE UNOS PASOS

Dos

De repente,
la vida duele en los ojos
y un grito de ira
se ahoga en la garganta.

Tres

La verdad
solo es un fantasma
al que cada cual
viste con sus propias ropas.

Cuatro

En este teatro del mundo
nadie es tan bueno como parece,
ni tan malvado como dicen.

Siete

Estas hojas de otoño
y estos días furtivos
que escapan de mis manos.

LA CARA OCULTA
DE LA LUNA
(2008)

RESPIRAR

1. El viento cruza las llanuras del miedo.

2. Todo se detiene.
   Se escuchan los pasos,
   el caminar del hombre.
   El fatigado
   vagabundear del hombre
   por los caminos,
   sin aliento,
   sin aire que respirar.

3. Se escucha el crujir de los sueños del hombre.
   El cansancio de los días
   adherido
   a sus huesos,
   el agobio de la vida
   que lo lleva a la muerte.

4. Todo se detiene
   cuando el hombre grita.

5. Por las llanuras del miedo
   cruza un viento
   que arrastra el dolor de los pueblos.
   La vida
   es un río siniestro.

Un río de sangre
que día a día crece.
La vida, la muerte.
La lucha por la vida
se torna muerte.

6. El cansancio de los huesos,
la fatiga
de la carne
invadiendo todo el cuerpo.
El cansancio de las manos detenidas
como tristes palomas
que ya no vuelan.
La angustia de los ojos
rotos, vencidos,
de los ojos que no desnudan sueños.

7. Los ojos del hombre
que busca la luz.
Los ojos del hombre
que sufre y no grita.

8. Del hombre
que se detiene a respirar
—a respirar su luz de vida—
y no respira.
La angustia de los ojos
del hombre roto,
del hombre que deja el grito

y detiene
sus pasos.
Del hombre que cierra sus ojos
y detiene sus manos
sin luz, sin aire
que respirar.

Del hombre sin aliento
que busca sus pasos.
Todo se detiene.

9. La vida cruza las llanuras del miedo.

TIEMPO

1. Por los rastrojos del tiempo
    vaga la sombra del hombre.

2. Las ciudades, como extraños
    navíos que surcan la noche,
    abiertas de puertas
    y de ventanas que miran
    hacia dentro,
    sienten miedo de las sombras
    y encienden sus luces.

3. Las ciudades
    cubiertas de ojos,
    llenas de rostros furtivos
    y de cuerpos que se esfuman
    en la niebla. Las ciudades
    que se arrastran por el mundo
    cargadas de hombres
    sin tiempo, sin tiempo.
    Esas ciudades desnudas
    se arropan con su miseria
    y ocultan su angustia
    tras la luz de falsos sueños.

4. Las ciudades del silencio,
    esas que se extienden
    por los rastrojos del tiempo
    dejando un rastro de casas
    pobres y pequeñas,
    un rastro de viejos templos
    y de lujosos palacios
    declarados patrimonio
    de la humanidad.
    Esas ciudades sin aire,
    sin aire y sin tiempo,
    sin tiempo. Extrañas ciudades
    traspasadas por el grito
    de sus puertas
    y sus ventanas hambrientas.

5. Estas ciudades del miedo
    que habitan la piel del hombre,
    estas ciudades del mundo
    ancladas al lodo
    de los siglos,
    como viejas naves.

6. Esas ciudades sin luna
    que alargan sus noches
    por los rastrojos del tiempo.

DINERO

La ciudad es un grito
que devora los sueños,
un vendaval de ojos
que recorre las calles
y fabrica los mitos.

El hombre —cautivado—
se somete al dinero.

Observad al mendigo,
huérfano del progreso,
perdido en los escombros
mientras estas ciudades
adoran a sus mitos.

El hombre —cautivado—
se somete al dinero.

Hay un misterioso brillo
que alumbra y rige el juego,
el brillo poderoso
del rumor de metales
que alimenta los mitos.

El hombre —cautivado—
se somete al dinero.

ALGÚN COLOR QUE TE GUSTE

1. Estos muros de tu mente
   que retienen al recluso,

   estas tapias que la vida
   ante los sueños levanta.

   Estas sombras en los muros
   que te miran y te acosan.

   Estos muros de la mente
   en que se quiebran tus alas.

2. Esos extraños espejos
   que te mienten sin piedad.

   Esos espejos que siempre
   te miran y siempre fingen.

   Y tú, tras esas murallas
   —atado a viejos espejos

   como un reflejo y sin alas—,
   jamás tocarás los sueños.

3. Desde este lugar sin nombre
   quedan lejos las estrellas

   y apenas se ve la luna,
   pero puedes elegir

   algún color que te guste
   y dejar que se derriben

   todos los templos del hombre
   y estos muros de la mente.

Eclipse

¿Cómo recoger todas las miradas
                en una sola palabra?
Dime, tú que conoces los caminos,
                tú que disipas las sombras
con la luz de tu voz, que me hablas siempre
                desde el rumor de tus huellas,
¿cómo atrapar los sueños con mis manos?
                Muéstrame, eterno viajero,
tú que conoces esta cara oculta
                de la luna, tú que sabes
los conjuros que rompen los hechizos,
                tú que eclipsas mi razón,
¿cómo recoger todas las palabras
                en una sola mirada?

EL APRENDIZ DE BRUJO

1. El grito de mis manos
    se apaga entre las sombras.

2. Estas manos extrañas
    como aves de la noche
    que gritan a la luna
    llena. Manos desnudas
    que rompen los espejos;
    esos que siempre mienten.

3. El grito de las sombras
    detenido en mis manos.

4. El aprendiz de brujo
    cruzó por mi cerebro
    sembrando su semilla
    en absurdas praderas
    donde habitan los sueños.
    Cruzó por mi cerebro
    el aprendiz de brujo
    y mis manos gritaron;
    nos veremos en la cara
    oculta de la luna,
    allí donde no mienten
    los espejos del mundo.

5. El grito de mis manos
    se rompe contra el alba.

    Pero sin luz de luna,
    ¿cómo atrapar los sueños
    sin perderse en las sombras?

DEL AMOR

A LA DESTRUCCIÓN

(2018)

¿PALABRA O SUEÑO?

Me duele sin remedio *esta herida,*
esta brutal herida *en mi frente.*
Esta herida sangrante *es la fuente*
de los sueños que buscan *la salida.*

La palabra retorna *a la vida*
como un fugaz destello *de mi mente.*
Esta palabra viva, *¿es un puente*
que funde sueño y voz con *esta vida?*

A veces me pregunto *¿es un sueño*
frágil del universo *este hombre,*
absurdo animal siempre *fugitivo?*

¿Es palabra o es sueño? *No es un sueño;*
este rumor de pasos *es el hombre,*
huella y grito del tiempo, *y está vivo.*

El poema

Entre las sombras escondida —como
huyendo de la tenue luz— silueta
de un sueño que se rompe. Voz secreta
que de las brumas con mis manos tomo

desnuda como un niño; frágil verso
que de pronto se vuelve azul paloma,
palabra que refleja mi reverso
y me devora como gris carcoma.

Desnudando mis ojos al pasado
por sendas rotas vuelvo derrotado
y me detengo al filo del ocaso.

Rebuscando en las huellas de mis pasos,
de repente, se muestra —cual suprema
presencia— con sus ritos el poema.

LAS CAÍDAS HOJAS

Estas hojas caídas, viejas hojas
del árbol de los sueños, alzan vuelo
agitadas y caen sobre el suelo
hasta que venga un viento y las recoja.

Estas hojas marchitas, mustias hojas
de la vida caídas como velo
sobre la tierra dejan el revuelo
húmedo de la lluvia que las moja.

Las hojas, estas hojas amarillas
de mi otoño, furtivas como aves
que escapan de mis labios. Estos versos

caídos —hojas secas—, voz sencilla
dilatada en el tiempo, y aquella suave
luz del ocaso: todo mi universo.

Qué difícil...

Qué difícil se hace
escribir unos versos
de otoño en primavera,
cuando se agita en alas
de júbilo la sangre.

Esta tarde de mayo
tiene triste los ojos.

Qué difícil se hace
escribir de los sueños,
celebrar la belleza
y el amor, mientras baja
por las calles la sangre.

Esta tarde de mayo
tiene triste los ojos.

Qué difícil se hace
escribir para el pueblo
de libertad y tierra
si siempre es quien la paga
con su piel o su sangre.

Esta tarde de mayo
tiene triste los ojos.

LOS HIJOS BASTARDOS

Por las calles del grito
vagan los miserables,
esos hijos bastardos
huérfanos del progreso,
esos sucios mendigos.

Días son de opulencia
en las urbes del hambre.

Criaturas del olvido
estos tristes mortales
excluidos del rebaño.
Cómo escribirle versos
sin herir al mendigo.

Días son de opulencia
en las urbes del hambre.

Ellos son los vencidos
de estas viejas ciudades.
Ellos tienden sus manos
limosneando tiempo.
Mas solo son mendigos.

Días son de opulencia
en las urbes del hambre.

Escribir más versos

Campos son de derrota
estas viejas ciudades
y estas grises criaturas.
Ha crecido el rebaño
tanto que falta mundo.

En estos días de furia
cómo escribir más versos.

La vida queda rota
por la pelea y el hambre.
Bajo la triste luna
las calles del espanto
se arrastran por el mundo.

En los días de furia
cómo escribir más versos.

La sangre se desborda
con lamento de madres
y de la muerte absurda.
Pasan cuatro caballos
por las sendas del mundo.

En los días de furia
cómo escribir más versos.

LLUVIA SONORA

££℧⌂♂Δ §☺π☺¤Δ

£Δ ♀Δ£Δ卬¤Δ hΔ ££◊∞ΔΩ☺, dilatada
¥ §♂π ☻◊ΩΔ♂ ΩΔ, Δ£◊∞¤◊ ♥☺☻☺ lluvia
Ω◊ ◊◊¤Δπ☺. HΔ ££◊∞ΔΩ☺ Ψ◊π℧◊ como
£℧z ☼℧◊ ♂π⌂ΔΩ◊ ☻♂ ♥Δ§Δ. §♂, hΔ venido

£Δ ♀Δ£Δ卬¤Δ, Ω◊§π℧ΩΔ ¥ enamorada,
h℧☻◊ΩΔ☻π Ψ◊ f⌂Δ∞♂£ ♀☺¤ £Δ zubia,
Ψ¤Δπ§♀Δ◊π Ψ◊ ♥Δ℧ΩΔ£ Δ£ ☼℧◊ ☻◊ asomo
♀ Δ¤Δ §Δ♥ ♂ Δ¤ £Δ §◊Ω Ω◊ ☻♂ sentido.

HΔ ◊◊π♂Ω☺, hΔ ££◊∞ΔΩ☺ ♥☺☻☺ hermosa
Δ◊◊ ☼℧◊ §☺卬¤◊ ☻♂ Δ£☻Δ §◊ hΔ posado.
♥☺☻☺ ££℧⌂♂Δ §☺π☺¤Δ, £Δ palabra,

hΔ ££◊∞ΔΩ☺ ☼℧◊卬¤ΔΩΔ ¥ π☺ hΔ¥☺ prosa
☺ ◊◊¤§☺ ♀Δ¤Δ ΔΨΔ¤£Δ. ☻◊ hΔ tocado,
♥☺π §℧ zΔ¤♀Δ Ω◊ ΩΔ☻Δ, £Δ palabra.

97

SIEMPRE QUISE YO ESCRIBIR UN SONETO CON ESTAS TORPES MANOS

Hace bastantes años ya que quiero
escribir un SONETO, mas mis manos,
herramientas inútiles que solo
sirven para el trabajo, no me ayudan.

Hace tiempo me esfuerzo en escribir
un SONETO perfecto, el más hermoso;
escribir, por ejemplo: estoy sentado
al filo de la noche. Con sus dulces

fauces de musa, el sueño me devora.
Alzan su vuelo las doradas aves
disipando las sombras con sus alas

de luz, extrañas aves que en mis ojos
habitan. Siempre quise yo escribir
un SONETO con estas torpes manos.

¿SUEÑO?

Esta herida
en mi frente
es la fuente
—la salida

a la vida—
de mi mente.
¿Es un puente
esta vida?

¿Es un sueño
este hombre
fugitivo?

No es un sueño;
es el hombre
y está vivo.

BAÚL
(2019)

AL FILO...

Al filo del alba
desnudé mi alma

Colgué los recuerdos
al filo del alba,
al filo del viento
desnudé mi alma

Colgué los recuerdos
al filo del viento.

Pájaros heridos

Hay tardes que se alojan en el alma
como si fuesen pájaros heridos
que ya no pueden volar.

Hay tardes que se alargan por la vida
igual que un sueño.

Si el poeta calla

Un árbol sin hojas
esconde el secreto.

Al filo del alba
encuentro los versos
de otra noche rota
en los fríos espejos.

Si el poeta calla,
se detiene el tiempo.

SILENCIO

Silencio, no hable nadie por el mundo,
que los cantores dejen ya sus trovas.
Silencio, que la muerte nos despoja,
sin compasión, de un hombre por minuto.

Silencio, callen todos, nadie grite,
oigan gemir al viento en estas tardes,
viento feroz que busca entre la sangre
de aquellos que murieron sin ser libres.

Silencio, no hable nadie por la tierra,
busquen todos sus lágrimas y lloren
al niño que mataron sin ser hombre
por el hombre que muere siendo fiera.

Silencio, pido un poco de silencio.
Cállense, que la tierra está sangrando.
Guarden silencio y busquen en sus manos
la compasión, que un hombre está muriendo.

¿QUÉ NOS QUEDA...?

¿Qué nos queda
cuando todos nuestros pájaros
se nos pierden
entre las brumas del tiempo?

El pájaro azul

Sobre un cuento de Rubén Darío

*«Camaradas: habéis de saber que tengo un pájaro azul en mi cerebro;
por consiguiente…»*

Hoy comienzo a enloquecer.
El aire de París es un poema que se dilata en el tiempo.

La noche, toda puertas,   me envuelve con su luz.
          Ya no me quedan espejos
          en los que buscar mi rostro.
          Ya no me ha quedado un rostro
          que buscar en los espejos.
Salvadas las fronteras,   por las sendas del viento,
                    persigo
la plena voz que habrá de descifrar los arcaicos secretos
de los mundos.

Era París unos ojos
          abiertos sobre mí,
y mi alma parecía
          un exaltado pájaro,
                    quimera en revuelo azul
               en las íntimas tardes del invierno
entre poetas,
entre escultores,

entre pintores;
bohemios todos,
        criaturas del aire,
                hijos de la noche.

        El poeta es un grito que al universo hiere.

            El café Plombier
        era los ojos tristes de Garcín
        y la música alegre de sus versos.

    La palabra se expandía por los senderos del humo
            como un viento embriagador.

                    Todo giraba en el olor de ajenjo.

En un rincón del cuartucho,
como olvidadas gaviotas,
mis manos sobre el mármol
miraban el frágil paisaje
donde las musas danzaban
                y a veces
                    exaltadas,
                        elevadas
                por el aroma a hierba
        se deshacían en luz.

Un trémulo reloj en dos partió a la noche.

            Salí del café,

París se había desvanecido.
La calle que me llevaba
tomaba forma a cada paso
y después se ocultaba
                entre la niebla.

Sobre mi cabeza   el frío puso una gorra.

A mis espaldas una presencia; volví mis ojos, miré,
no había nadie

            Estaba siendo seguido por un pájaro azul.

EL TEATRO

* al cabo de los años los espejos nos mienten

** a cierta edad
las niñas   fingen su inocencia
     y los niños
          alardean de su virilidad

*** a cierta edad el hombre aprende a utilizar sus palabras para
no decir nada desde corta edad la mujer disimula y lo dice todo
con muy pocas palabras

* los comediantes bajan el telón
suben telón los farsantes

** la sociedad es un teatro en el que cada individuo lleva la
máscara adecuada a cada momento

*** a lo largo de la vida todos enmascaramos
nuestros defectos

*/ en este circo grotesco los espejos no nos mienten solo nos
mienten nuestros ojos

ODA AL INDIGENTE

Más silencio aún que sombra,
más sombra casi que hombre,
casi nada.
Criatura que ni se nombra,
pues ya ni le queda nombre
ni morada.
Cruza furtivo las calles
con el alma desgastada
el mendigo,
el mísero trotacalles
que en la noche desolada
busca abrigo.
Con más soledad que llanto,
carne herida del castigo,
en la esquina
aciaga y gris del espanto
es el único testigo
de la ruina.
Del ayer cenizas lleva
sobre su piel clandestina,
flor marchita
del recuerdo, oscura cueva
y atroz dolor de una espina
infinita.
A rastras lleva la vida
por esta ciudad maldita

siempre hambrienta.
Verso brutal sin medida
que entre la nada se agita
cual tormenta.
Señalado por el dedo
vil de la dama opulenta,
va sin nombre
con más silencio que miedo
bajo la noche sedienta,
casi hombre.

ODA A LEOPOLDO MARÍA PANERO

Qué grotescas las hojas, qué grotescos los ojos.
El grito de tus manos se desangra en la noche
como el pájaro triste de un sueño que se rompe,
como un pájaro triste, como un pájaro torpe.
Qué grotescas las alas manchadas por el lodo.

Qué cruel la voz del verso, qué cruel la voz del loco.
Poema que en las venas se adentra como un topo
rugiendo, devorando, infectando la mente
de un hombre putrefacto. Qué grotescos los ojos
perdidos en la nada, como luz que se muere.

Qué grotesco es el loco en su grotesca noche
de camisa forzada, hundido entre barrotes,
derrotado y sin manos. Qué grotesco en su noche.
Palabra para el verso hasta que el verso brote,
dulce flor del espanto que destroza murallas.

Pero tú te desnudas, como todos los hombres,
arrojando tus carnes y tus alas al lodo
del mundo. Te desnudas, como todos los locos,
escupiendo palabras, arrancando tus ojos
y rompiendo tu nombre para que no te nombren.

Para que no te nombren, desnudas tu criatura
y le muestras al mundo tus huesos y tu rostro;
grotesco Leopoldo, te desnudas del hombre
arrojando palabras y versos como azotes.
¡Ah!, soldado el verso, soldado atroz de la locura.

GRITO

(2020)

PRINCIPIO

¿Cómo recoger versos
en las calles del miedo?

CALLES DE LA DERROTA

Tus ojos lo contemplan.

El paso lento, baja la cabeza.
La mirada perdida en los caminos.
Hombre de rostro serio y voz cansada
camino de la tarde, con su vida
a cuestas, arrastrando su maltrecho
cuerpo y en silencio pasa por las calles.
Calles de la derrota
donde mueren los sueños
y crece la cizaña por la piedra
de los muros del miedo y de la rabia.
Abatidas las manos
como las tristes hojas del otoño.
Perdida la mirada y el paso lento,
por las calles del miedo el hombre pasa.

Tus ojos lo contemplan.

LLUEVEN PIEDRAS

A cántaros llueven piedras
por las calles, por los campos.
Violentos son estos tiempos
en los dominios del diablo.

Por las calles llueven piedras
en estos días del miedo,
de la rapaz y la bestia
y de los ídolos huecos.

Por las ciudades del mundo
pasa un vendaval de gritos,
un alarido de hambre
que asola templos y ritos.

Un triste rumor de pasos
presagiando la miseria,
por las calles del agobio
ríos de turbia opulencia.

El viejo bardo

Tú gritaste en los tajos
y en las salas gritaste
con la palabra rota
por el temor y el hambre.

Llenaste con el grito
proletario las calles.
Agitaban los vientos
furiosos estandartes.

Por las urbes se escucha
el aullar de los canes.
Ocultos los señores
tras altos ventanales.

Las torres de opulencia
por siempre inalcanzables,
los ojos del poder
sedientos y acechantes.

Los pueblos oprimidos
no logran levantarse,
la pelea es terrible
contra los viejos clanes.

En tus desnudas manos,
donde la rabia nace,
se agitan las tormentas
y se enciende la sangre.

Mas tú eres el guerrero
de la rima asonante,
eres el viejo bardo
de la espada flagrante.

Eres grito de lucha
que recorre las calles,
la palabra furiosa
del hijo de los nadie.

FLOR DE LA BOCA

Llueve revolución
sobre las manos.
Por las calles los nadie
alzan su canto.

Flor de la boca
esta palabra viva
que se desboca.

Hoy llueve libertad
sobre los ojos,
huracán de los sueños
y verso roto.

Luz de los labios
que alumbra primaveras
por estos campos.

¿CÓMO BUSCAR TUS VERSOS...?

Sobre el silencio atroz de cada página
se derrama la sangre
del grito con el viento.
Sobre la rama el cuervo
y la espada en la vaina.
¿Cómo buscar tus versos en páramos de sombras?
Sobre arenas del tiempo
las mustias hojas
del árbol de los sueños
se tornan alas.
Pero el bardo se esconde tras sus versos
como un muerto en las aguas de la nada,
nunca sale a la luz, y nunca sale al viento,
pues la lluvia del mundo
azota sus desnudas carnes.
Nunca sale a la vida,
solo sale a la página
y se nace a sí mismo como un sueño,
mientras la sangre brota
por la piel del poema, gota a verso,
verso a gota, memoria de los tiempos.
Solo un grito feroz
queda sobre el silencio de la página.

Escupitajo mal llamado verso

Bajan terribles vientos del desierto,
de ese inmenso desierto de la gris muchedumbre
que se arrastra por calles,
que se arrastra por sendas,
que se arrastra por urbes sangrientas del planeta
dejando un espantoso rastro de criaturas sin nombre;
un rastro grotesco de sombras sin rostro ni memoria,
escribiendo la historia de los hombres.
Poema que grita en la noche,
escupitajo sobre oscuras páginas,
escupitajo mal llamado verso,
manchando la verdad de las estatuas.
Mendiga la palabra por la página
un verso sobre el que caer,
un verso sobre el que morir
un verso atroz de muerte sobre la hambrienta página,
sobre la amarillenta página del olvido;
un verso hambriento,
escupitajo sobre la página reseca.
La palabra está rota como aquellos espejos,
como aquellos espejos de las frías alcobas.
Duerme el pájaro azul en las frías alcobas
entre los vidrios rotos de un espejo,
cuna del verso, flor de un poema que a ruina invoca.

Flor del espanto atada a un gris poema,
flor que jamás se invoca,
flor que a la muerte lleva.
Disecada flor del poema.

El graznido del cuervo

Es grotesca la ruina de los templos.
Es siniestro el misterio de los templos.
Todos les tienen miedo a los oscuros secretos de los templos.
Los templos son la ruina de los hombres.
El desastre del hombre nace en las viejas piedras
que recorren el mundo con sus ritos.
Paloma de la nada sobre la rama seca
del olivo, paloma del desastre,
de las alas quemadas ya sin vuelo.

La lluvia amamantando los ríos y los valles
perpetuando el ritual de la vida en los verdes campos.
Los bosques son hermosos templos,
son los únicos templos bajo el sol de la vida.
El rito de los pájaros al alba
retumba por montañas y llanuras
como el inmenso canto de natura.

Siniestros son los templos y sus ritos.
Sobre la piedra santa grazna el cuervo,
ese siniestro cuervo de la cruz y la espada,
ese cuervo maldito que a los pueblos aterroriza
con arcaicos versículos y cantos.

Viejas son las palabras de los templos,
viejas y dilatadas como la sombra aullante
del árbol milenario de la sagrada estirpe,
adoradores de la cruz y el libro.
Terrible es el secreto que custodian las viejas piedras.

Ritual de los labios

Siempre fuiste el guerrero —viejo bardo—
y estos son los vestigios de tus sueños.
Las cenizas dilatan tu palabra
más allá de los límites del tiempo,
pero ya nunca gritas, nuca cantas
ni agitas tus banderas proletarias.
Ya no te quedan versos,
el soneto se ha roto en el silencio,
ese silencio oscuro de tus manos.
El ritual de los labios nos corrompe
como aquella manzana de los mitos,
nos corrompe y nos mancha piel y carne
con los lodos del verbo.
La palabra se pudre, se marchita
entre estériles páginas,
jamás llega a ser verso,
solo será un aullido del poema,
grito del pueblo o voz de los poetas.
Cae la lluvia sobre las arenas,
las arenas sedientas del desierto,
del desierto terrible de los hombres.
Cae la lluvia como cae el verso
sobre la piel desnuda de los hombres
y la página alarga sus renglones
a través de los siglos
como si fuese el rastro de unos pasos.

Pero nadie ha gritado por las calles,
ya nadie alza sus cánticos
ni tremola banderas y estandartes,
mas se ha escrito el poema verso a verso,
hombre contra palabra y paso a sueño.
Tú eres la mano atroz y el dulce verso
que ha de escribir el canto de los tiempos.

HAIKUS

VII

Es un suspiro
esta luna que huelle
por los suburbios.

VIII

Bajo la lluvia,
como tristes palomas,
los derrotados.

X

Hoy la palabra
se ha roto como aquellas
antiguas lanzas.

XXI

¿Sobre qué piedra
de fe se asienta el mundo?
La piedra es ciega.

Un silencio de guerra

Un silencio de guerra
que sobre el pueblo flota
como la oscura nube
de furias y de miedos.

Se alarga por las calles
y se instala en las casas,
no detiene su cruel
azote de hambre y muerte.

Un silencio de guerra
impregna nuestra piel
con el fétido olor
del horror y la ruina.

Se alarga por las calles
este silencio atroz
del poder que nos ata
y usurpa nuestro grito.

LAS PLAZAS

El silencio se ha roto,
se hace luz la palabra en los espejos
de los sueños, y anida
en los ojos del hombre.
La preñez del silencio y de los miedos
vino a parir el grito de la rabia
que recorre las plazas
y avanza por las calles como un río
de rostros y de pueblo.
Río que va inundando las ciudades
con la luz de las manos.
Luz de la libertad y voz del hombre.
Luz de la libertad que se hace grito,
y grito de ira al viento de los pueblos
hecho puños y azote.

PALABRAS

Es cierto que hay palabras
que hieren cual acero,
por ejemplo, esperanza,
paz, amor, compañeros
o derechos humanos.
Y es cierto que la vida
tiene caras opuestas
que luchan sin descanso
hasta que una nos mata.
Es cierto que llegamos
siempre tarde al mañana
y que somos la herida
por la que el tiempo sangra.
Mas tan solo es el viento
quien nos deja en las manos
un rumor de palabras
y el eco del pasado.

El primer poema

Siempre el primer poema mata al poeta, rompe
su palabra en pedazos y desgarra
sus estúpidas carnes.

Siempre deja un sangriento rastro el primer poema,
el que mata al poeta y su alma deja
desnuda como un niño.

Los siguientes poemas solo intentan
devolverlo a la vida.

FINAL

Donde solo hubo miedo
tú recogiste versos.

CERO

(2022)

II

La voz de los señores
por los espejos bobos
se alarga como un soplo,
destrozando en jirones

la mente de los hombres.
El cristal luminoso
va llenando los ojos
de imágenes deformes.

Azotan los mensajes
los oídos del pueblo
con su ruido incesante.

Es la luz del progreso
en espejos amables
destrozando los sueños.

V

Recoger los despojos,
aquellos que dejamos
esparcidos por sendas
y páramos —despojos
de todos nuestros días—
como si fuesen ropas
desgastadas y sucias
que ya solo nos sirven
para vestir recuerdos.

IX

No es que vivir no quiera,
es que la muerte llega
y me toca, serena,
en el hombro y me espera.

No es que quiera morir,
es que se acerca el fin,
no hay forma de eludir
cita tan cierta y ruin.

No sé, tan solo espero
que se olvide de mí
un largo y lento tiempo.

XI

Hoy tuve que escupir
el dolor de mis ojos.

Sí, tuve que escupir
a ese sol del invierno
que azota la miseria
y no calienta el cuerpo.

Por el hambre del mundo
hoy tuve que escupir.

XXIX

Solo nombrar al viento
nos libera y nos alza
sobre la piel del mundo,
sobre nosotros mismos.

Somos huellas del tiempo,
luz y sombra que pasa
por los campos sin rumbo
trazando los caminos.

Solo nombrar al viento
nos libera y nos da alas.

XXXII

Vagan por los andenes
perdidos en el vértigo
de la prisa, ahogados
por el grito salvaje
de estas ciudades. Títeres
movidos por los hilos
del poder de las élites
de estos nuevos imperios.

XXXIII

Has buscado tu sombra
por las sendas del verso,
por espejos y alcobas
husmeando cual perro.

Pero tu sombra huye
de ti, y entre fatuos fuegos,
seca hoja, se consume
y te deja sin sueños.

XXXIX

Llega un silencio hambriento
que devora los labios,
el grito y el pensamiento,
y detiene las manos.

Un silencio tan miedo
que duele por las venas
cual si fuese a matarnos.

Un silencio de arenas
devorando las sendas.

XLI

Hoy la miseria ataca
al hombre ferozmente,
y le ataca con hambre
y con muerte inminente.

El hombre jamás huye
sobre si se hace grande,
toma su grito y escupe
con rabia la palabra.

LI

Escoger el silencio
no fue buena jugada,
ni llenarlo de gritos
solución acertada.

Sí lo fueron los versos
sobre tu piel escritos,
y esa voz de los sueños
derrotando tu olvido.

LIV

Llegó un azote mudo,
un azote sin huella
golpeando los muros
con su mano de arena.

Llegó la oscura sombra
sobre la paz del mundo
cargada de pistolas
y sembrando miseria.

Llegó con su ira torva
y un zarpazo de fiera
que la vida nos roba
y nos deja desnudos.

LVII

Se cayó de tus labios
—como caen las hojas
secas de los otoños—
tu palabra de sombra.

Se cayó de tus labios
como un terrible y largo
alarido que azota
la piel del alma y el rostro.

Tu palabra ya rota,
tu palabra de viento,
tu palabra ya verso
se cayó de tus labios.

LVIII

Solo un gris arrebato
de nervios y de iras
parte el alma y tan grito
se dilata, se estira
como un río de espanto.

Solo el fiero e infinito
vendaval de la rabia
el aliento nos corta
y a la pelea arrastra
al hombre más pacífico.

LXIV

No volver al silencio,
jamás dejar el grito
a orillas de la nada,
ni enterrado en los libros.

Ser la voz, la palabra
o la huella del camino.
Ser rumor en el tiempo.

Jamás dejar el grito
en las salas del miedo.

LXV

Se quebraron espejos,
misterios y palabras.
Se olvidaron secretos
que los labios guardaban.

Se han roto, con el tiempo,
las sendas del mañana,
y mi voz con el viento
que azota como espada.

Mas me quedan los versos
de ese grito que abrasa,
aroma de los sueños
y luz que se derrama.

LA HORA BRUJA

(2024)

VIEJO RUMOR

El silencio nos mancha la mirada,
nos borra la sonrisa con el velo
de la nada y el olvido. Cubre el hielo
la piel de la palabra remansada.

Los pájaros del miedo —en desbandada—
alargan su graznido por el cielo.
La mustias hojas alzan frágil vuelo
como la voz por siempre silenciada.

Hinca su raíz húmeda y longeva,
en el arcaico limo de la humana
estirpe, el rito que la luz renueva.

Este viejo rumor, que siempre mana
de los labios, es viento que se eleva
del ayer y semilla del mañana.

El viejo cajón

Lluvias y espejos, soles olvidados
en el cajón estrecho del recuerdo
donde nadan canicas, viejos dados
y extraños peces sin el ojo izquierdo.

Un lápiz rojo sin punta y roído,
un árbol seco y un pájaro sin alas.
Algún asunto turbio o lo prohibido
entre viejos petardos y bengalas.

Un viejo cajón lleno con mis días,
voz amarilla y sueño des-soñado
en este largo fluir del tiempo. Frías
y extrañas son las huellas del pasado.

Un lápiz rojo sobre azul nos pinta
su acuarela, horizonte de los sueños
perdidos en la arena. Es tan distinta
la imagen de este niño y sus empeños.

La rosa del silencio que me invoca
al brillo del espejo es luz que muerdo,
como el pez el anzuelo, mas hoy toca
revolver el cajón de mi recuerdo.

TURBIÓN DE SILUETAS

Jamás cesan las olas
de un mar que nunca muere en las arenas.
No suenan caracolas
ni el canto de sirenas;
solo un atroz aullido de ballenas.

El mar —como la vida—
es el estruendo fiero de este mundo,
la fuerza sin medida
que nace del fecundo
misterio y del abismo más profundo.

Ha crecido la humana
estirpe que se alarga por los prados
en voraz caravana.
Los hijos marginados
del ruin dios de la culpa y los pecados.

Jamás cesan las olas
de esta marea ciega de criaturas,
y crecen amapolas
por áridas llanuras
como el efecto atroz de las torturas.

El viento está gritando
por todas las esquinas de la tierra,
como un hombre llorando
o el niño que se aferra
a la vida en el centro de una guerra.

Este mar nunca cesa,
como no cesarán estas tormentas.
Vida es la ola traviesa;
un turbión de siluetas
hambrientas en ciudades opulentas.

ESTÁ PRESA LA LIBERTAD

Está soplando un viento tan extraño
que arrecia la tormenta su aguacero
cubriendo de miserias al rebaño.
A la luz cegadora del dinero
en frenética danza los chacales
se abandonan a ritos ancestrales.

Pasa un rumor de sombras por el mundo
devorando los sueños. Un lamento
quiebra la frágil voz del vagamundo
por las calles del hambre y el desaliento.
Huérfanos del progreso —abierta herida—,
arrastrando sus huesos por la vida.

Tan triste es este sol de los suburbios,
tan frío y tan atroz que a miedo huele,
que siembra desarraigo y desconfianza
y en su fulgor oculta asuntos turbios.
Ya no hay palabra o sueño que consuele
estas casas sin luz de la esperanza.

Los círculos escupen la pobreza
hacia fuera; arrabales de chabola,
calles de agobio y de húmedos despojos.
Entre luces amables siempre presa,
la libertad. La élite controla
las parcelas del mundo y sus rastrojos.

Ríos de las ciudades en crecida
invaden luminosos edificios
con el mordaz aullido de la hiena.
Monedas de avaricia sin medida
corrompen los valores y, entre vicios
del cuerpo —al fin—, la mente se condena.

Al ritmo de trompetas y tambores
marcha el desfile blando, luz amable
y espejos bobos gritan el reclamo
que viene de los altos miradores.
Somos la fácil presa moldeable,
sumisos servidores del Gran Amo.

HAS VIAJADO

Has viajado los pueblos y su gente,
otras tierras lejanas y otras calles,
las montañas azules y sus valles,
y otros labios de acento diferente.

Has viajado los libros. Su simiente
de luz preñó tus sueños, nunca falles
en vivirlos. Jamás tu voz acalles;
que tu palabra siempre te sustente.

Te has detenido siempre en los detalles
de la vida. Tu canto fue profundo
en el verso, y en la prosa vehemente.

Siempre fuiste un viajero, un trotacalles.
Has visto las dos caras del gris mundo:
la imagen del poder y la indigente.

LA HORA BRUJA

(EL SONETO)

Un lápiz rojo sobre el horizonte,
anuncio del silencio, nos dibuja
desnudos, y la luna sobre el monte
invita, sin recato, a la hora bruja.

A esas horas del sueño, un polizonte
se adhiere a nuestra piel y nos estruja
con su abrazo de sombras. Nos empuja
por los desiertos prados un bisonte.

Bisonte atroz que bufa y hace que cruja
nuestro cerebro, oscuro mastodonte
que la razón arrasa y desdibuja.

Un lápiz negro tras el horizonte
dibuja el sueño atroz de la hora bruja.
Solo la luz, quizás, al miedo afronte.

POEMA AZUL

Ayer, sin más, dijiste de repente:
«Ha nacido un poema,
poema azul que canta al indigente».
Pero claro, ningún poema azul
puede cantarle al pobre,
al que sufre el olvido,
al que fue desahuciado.
Sí, lo dijiste ayer con tu palabra
amable, la que siembra su semilla
en los sueños del hombre, la que labra
los labios y la mente.
En tu poema azul al inocente
lo dijiste, mas fuiste un poco osado
al pronunciar palabras tan hermosas
sobre la vida ruin del acosado
Es cierto, no se puede
escribir un soneto al miedo y las miserias;
nunca sobre el vencido.
No, jamás es prudente
escribir un poema de la gente
que arrastra su existencia por las calles
del mundo con sus vidas siempre a cuestas.

El mal poema

Eres el mal poema escrito sobre
la mustia piel del viejo
                    que te acompaña, voz
impertinente y llanto
desconsolado, pobre
criatura de la nada y el grito atroz.
Te arrastras como el verso,
                    ese pésimo verso
que se pudre en silencio
                    en los lodos del miedo
como el turbio lamento
                    de este viejo perverso
que rompe negros nudos
                    de dogmas y de credos.

Rosa caníbal

Un lápiz rojo sobre el horizonte,
anuncio del silencio, nos dibuja
desnudos y grotescos
sobre la piel nocturna
del mundo, de ese mundo que nos hiere
con el miedo y la culpa.
Oscuros son los límites del mundo.
La vida es una rosa que siempre se abre impura,
es la rosa caníbal que devora inocencias.
Nadamos en la duda:
¿qué camino tomar?,
¿dónde está la verdad?
Vagamos por las calles en manadas absurdas,
la multitud es otra forma atroz
de soledad. Disfruta
de tu porción de espacio y de tu tiempo
comprados con tus días, con tus sueños; oculta
tu miedo y tu vacío.
Las doce de la noche, extrañas brumas
confunden la mirada con furtivas
siluetas que susurran.
A veces el silencio es un cuchillo
que entre las sombras brilla y siempre busca
la sangre de unos sueños.
Sobre la nada escribe el lápiz rojo
sin punta: es la hora bruja.

El yugo

Este es el tiempo
en que los absurdos espejos
de la élite oscura nos ciegan,
nos adoctrinan,
seducen y someten
al dulce bienestar del yugo
para, al fin, convertirnos
en dóciles sirvientes.
Días son de opulencia
en las urbes del hambre.

DOS COPAS

Como furtiva sombra,
entra en el bar sin prisa
y sin decir palabra
toma su dosis
y se marcha al trabajo.

Esas DOS COPAS
le dan el ánimo
y las fuerzas precisas
para aliviar la carga
de una vida sin sueños,
sin esperanzas;
todo se torna gris,
no se encuentra salida.

TUS CANSADAS ABARCAS

A Miguel Hernández,
muerto en los calabozos del odio

I

Desde tus campos
de pastoreo
a campos de batalla,
tus cansadas abarcas fueron
derramando los versos
de un grito libertario.
La paloma de blanco vuelo
atrapada por los barrotes.
No cesará la luz
de tu palabra,
ni podrán retener
tu humana esencia
esos muros del odio
y de la muerte.

II

Te detuvo un reloj,
que no era de oro, ni de plata;
nada más que un reloj
de sueños rotos.
Treinta de abril
del treinta y nueve;
la libertad valía
solo cinco pesetas.
El odio acecha al hombre.
Fueron dieciocho cárceles,
itinerario de tu muerte.
Presa la libertad,
la carne torturada,
la torturada mente
y el hombre denigrado,
rebajado a la nada.
Madrugada sin luna,
porque la muerte llega
a las claras del alba.

El aire te va nombrando

A Federico García Lorca,
asesinado por ser libre

I

Madrugada sin luna.
Sobre baldosas
negras y blancas
resuenan militares botas,
atroz paso marcial
del siniestro cortejo.
Camino del barranco
de Víznar le dan el paseo.
Sobre su sangre, muerto,
yace el poeta;
sin su luna gitana,
sin anillos de bronce
ni collares de nardos.

II

Por los senderos del tiempo
el aire te va nombrando.

Que nadie toque tu sombra
en la noche de los astros,
porque tu sombra es el agua
que beberán los gitanos
que hacen collares y anillos
en los olivares blancos.
Bajo su luna de miedo
la ciudad está temblando
cuando se escuchan los pasos
de la escuadra del espanto.
Que nadie toque tu sombra,
porque tu sombra es un canto
que va por los olivares
como un potro desbocado.

Por los senderos del tiempo
el aire te va nombrando.

Somos

Has regresado
del olvido y el silencio.
Tus huellas bajo el polvo
se agitan y te llaman.
Búscate entre mis sombras,
pues habitamos el mismo espacio,
los mismos territorios
y los mismos suspiros.
Somos (eres) la carne
que envuelve a nuestros huesos,
esos huesos que guardan la memoria
de nuestros días
y nuestras noches.

ANTAGONISTAS

Solo el silencio mancha nuestros labios
con la palabra rota en la saliva
espesa y fría
de nuestros miedos.

Pero, a pesar de todo,
tú y yo somos nosotros,
las dos caras de un mismo mundo
bajo la piel de un cuerpo,
y aunque jamás lo quieras admitir,
allí estuvimos,
en aquel espacio sublime
en que el sol de la infancia
nos embriagaba,
nos hacía soñar
con mundos y con vidas imposibles.
Siempre me hablabas de extraños sueños
—mitad oníricos,
mitad pensamientos—,
yo jamás te creía.
Ya desde entonces
estábamos de acuerdo en pocas cosas;
éramos (somos) antagonistas.

En cierta ocasión me dijiste
que no éramos más que muñecos
en manos de un niño travieso;
un niño travieso y gigante
que siempre nos movía a su capricho,
jugando nuestras vidas.

Yo me reía,
tú te enojabas.
¿No lo recuerdas?
Claro que no.

Precisamente, ahora
que estoy dispuesto a darte la razón
no lo recuerdas.

VESTIGIOS DEL PASADO

Perdimos nuestras huellas
por las sendas del tiempo.
Tu rostro es tan confuso
como borroso y extraño lo es mi rostro.
No conozco los ojos que me miran
desde la luna al fondo de la estancia,
no conozco mis ojos,
mis ojos perdidos sin rastro
en las húmedas selvas
de la memoria.
Mas si busco en las huellas de mis pasos
—y de tus pasos—,
solo encuentro vestigios del pasado.
Perdimos la mirada
azul de nuestra infancia.

FINAL

Los comediantes bajan el telón,
suben el telón los farsantes.
La sociedad es un teatro,
cada individuo lleva
la máscara adecuada
para cada momento.

EL SOMBRERO DE BAMBÚ

(SANDOGASA)

(2026)

PRINCIPIO

TANKA

Giran las hojas.
Al paso del viajero
la senda cruje.

Amarillos los campos,
fiesta de la cosecha.

GOTAS DE ROCÍO

1
Florece el haiku,
verso contra palabra,
luz del momento.

2
El campo canta,
se sale a la vereda,
flor de tomillo.

3
Blancos olivos,
un zorzal picotea
entre la escarcha.

8
Tiemblan los juncos
al vuelo de la garza,
agua serena.

9
Sobre la peña
blanco se ciñe el pueblo,
su luz deslumbra.

14
Giran las hojas
igual que mariposas,
árbol desnudo.

18
Entre las ramas,
como niños traviesos,
sombra y luz juegan.

19
Tiembla y se quiebra
la gota de rocío,
rosa del alba.

20
Un hombre pasa,
de pronto ladra un perro
bajo la lluvia.

21
Clamor de hojas,
alas de la mañana
que la luz dora.

Pálida luna

1
Hojas al viento,
luz y sombras de un hombre,
son estos haikus.

4
El reloj grita
su dolor cada hora,
avanza el día.

7
Asola vidas
el inmenso alarido
de la miseria.

8
Entre la lluvia,
como triste paloma,
vaga el mendigo.

10
Hoy estás triste
—de la piel hacia dentro—
como el payaso.

12
Entre cartones
el día cambia sus luces,
frío en los huesos.

14
Resecos labios,
bajo el sol moribundo
sal del obrero.

15
Va la miseria
arrasando las calles,
niño descalzo.

21
Marchita flor
de los labios del niño,
solo es el hambre.

23
Sueña la casa
con ríos de sonrisas,
al tiempo anclada.

26
Es un suspiro
esta luna que huye
por los suburbios.

Fin

Haiku

Entre las ramas
juega la luz del sol,
ciruelas frescas.

Algo más

Antes de cerrar esta antología quiero entregaros el principio de todo, la semilla de la que todo surgió: mi primer poema. Este se terminó de escribir el 27 de mayo de 1974, cuando yo tenía dieciséis años. Es un poema dedicado a mi abuelo materno, que pasó su vida labrando la tierra.

Pero, además del original, os quiero dejar una segunda versión, más extensa, del mismo, que fue escrita entre finales de 1977 y principios de 1978. La fecha que aparece junto al poema es cuando se terminó de componer.

El labrador

Porque tú labrador naciste,
porque tú labrador morirás,
siembras y cultivas el campo
en bien de la humanidad.

Tú que labras la tierra
cantando al sol del mediodía,
tú que con el sudor de tu frente
riegas el campo con alegría.

No te duele el alma
porque frío tengas que pasar,
sino es por las plantas
que con la nieve se han de marchitar.

Tú que cuando has llegado a viejo
a tus hijos ves labrar y labrar
ese campo tan querido,
de emoción te pones a llorar.

Por eso tú labrador eres
y siempre lo serás,
sembrando y cultivando el campo
en bien de la humanidad.

MURIÓ UN LABRADOR

UNO

Porque tú labrador naciste,
porque tú labrador morirás,
siempre los campos labraste
para el bien de la humanidad
y sin pedir nada lograste,
en estos campos, la felicidad.
Tú que labras la tierra,
tú que siembras la semilla
y que con ella entierras
también un poco tu vida,
sientes una felicidad inmensa
cuando la ves fruto un día.
No hay nada más hermoso
que el verte lleno de alegría,
al ver esos frutos frondosos
que la tierra te brinda,
labrador, leer en tu rostro,
una vez tu misión cumplida,
la satisfacción y el gozo
que a tu alma ilumina.

Por eso tú labrador eres
y hasta el fin lo serás,
aunque en estos campos dejes
día a día tu vida enterrá.

Dos

Mira, labrador, tus manos,
ya no son las mismas;
mira tu rostro apagado,
la juventud no lo ilumina,
tu cuerpo está cansado,
sientes agobio y fatiga,
la fuerza te ha abandonado,
el júbilo ya te olvida.
Temprano te buscó la muerte,
temprano quiere ser tu aliada,
quiere consigo temprano llevarte
a esa eterna noche callada.
Una dorada tarde se durmió
y ya nunca quiso despertar,
junto a su lecho nadie lloró,
a su tumba nadie fue a rezar,
quizás nadie nunca comprendió
cuánto le debe la humanidad.
Ha muerto un labrador,
todos le debemos llorar,
ha muerto un labrador,
solo los campos llorarán.

Porque tú labrador eres
y hasta el fin lo serás,
en estos campos dejaste
al fin tu vida enterrá.

(12 DE ENERO DE 1978)

Posdata

Aún quedan en mi talega muchas huellas —versos— más que os llevarán por nuevos caminos. Podréis andar entre unas *Briznas de hierba* húmedamente frescas y sobre los versos de *Regreso a los espejos* esparcidos por el frágil y sereno camino que conduce al horizonte de un ocaso que suavemente me llama.

No sé si el viajero seguirá caminando y dejando algunas huellas más por ese camino, pero, si así fuera, solo tenéis que buscarlas.

Gracias por seguir todos estos años las huellas de este aprendiz de poeta.

Salud y poesía.

Índice

Las huellas del viajero
se fueron recogiendo
a lo largo de estos cincuenta y dos años
de idilio entre la poesía y Miguel,
terminándose de imprimir en marzo de 2026